आईआईटी डेज

FRIENDSHIP VIBE

सुमीत कुमार

Copyright © Sumeet Kumar
All Rights Reserved.

This book has been published with all efforts taken to make the material error-free after the consent of the author. However, the author and the publisher do not assume and hereby disclaim any liability to any party for any loss, damage, or disruption caused by errors or omissions, whether such errors or omissions result from negligence, accident, or any other cause.

While every effort has been made to avoid any mistake or omission, this publication is being sold on the condition and understanding that neither the author nor the publishers or printers would be liable in any manner to any person by reason of any mistake or omission in this publication or for any action taken or omitted to be taken or advice rendered or accepted on the basis of this work. For any defect in printing or binding the publishers will be liable only to replace the defective copy by another copy of this work then available.

सुमीत कुमार

सुमीत कुमार, एक वयस्क जो जीवन के कई चरणों का अनुभव करता है, एक प्रसिद्ध लेखक और नए युग के लेखक हैं। वास्तव में वह एक लेखक होने के साथ-साथ गायक, कवि, शायर, उद्धरण लेखक, गीत लेखक और एक कलाकार भी हैं। एंकर या स्टैंडअप कॉमेडियन। उनके बारे में बहुत ही रोचक और दिलचस्प तथ्य यह है कि वे नए युग के लेखक हैं यानी उन्होंने अपने लेखन की यात्रा उस उम्र में शुरू की जब वह अध्ययन करने के लिए स्कूलों जा रहे थे। उनकी 100 पुस्तकों की स्ट्रीक महान होगी भविष्य में उनके लिए उपलब्धि, उनकी कुछ प्रसिद्ध रचनाएँ यानी प्रेम की परिपक्वता (शैली _प्रेम) स्वप्न की गोपनीयता (शैली-मध्य वर्ग की जीवन शैली)।

आप नोटियन प्रेस, अबे बुक्स, इम्युजिक इन, फ्लिपकार्ट, एमेजॉन, किंडल, इंस्टेंट रीड लाइक ईबुक, किंडल, गूगल, इंटरनेशनल साइट्स और कई अन्य से भी उनकी किताब खरीद सकते हैं।

स्पॉटिफ़ पर पॉडकास्ट: @ ब्रोकन हार्ट इंस्टा आईडी: बुकहब92
जीमेल: सुमितकुमार 88234 लिंक्डइन: सुमीत कुमार

क्रम-सूची

प्रस्तावना

दोस्ती जिंदगी से छोटी और उमर से बड़ी है जो की ना तो कभी किशी के सामने झुकी है और ना ही वो किशी के हिस्से में नफरत

पेदा कार्ति है, क्योंकी हम सब अंजान होकर भी एक दसरे के जान कब बन जाते हैं पता ही नहीं चलता

गल्ती से अपने यार की तरफ कोई आंख उठा कर के भी तो देखते उसके बाद हम सामने वाले की क्लास लगा ही देते हैं,

और उश वक्त हम ये नहीं देखते की कौन किशी राज्यों से आया है बश ये देखते हैं की वो अपना है किशी और का नहीं,तो ये सफर

मेरे यारो के नाम............

सुमीत कुमार

भूमिका

सुमीत कुमार

सुमीत कुमार, एक वयस्क जो जीवन के कई चरणों का अनुभव करता है, एक प्रसिद्ध लेखक और नए युग के लेखक हैं। वास्तव में वह एक लेखक होने के साथ-साथ गायक, कवि, शायर, उद्धरण लेखक, गीत लेखक और एक कलाकार भी हैं। एंकर या स्टैंडअप कॉमेडियन। उनके बारे में बहुत ही रोचक और दिलचस्प तथ्य यह है कि वे नए युग के लेखक हैं यानी उन्होंने अपने लेखन की यात्रा उस उम्र में शुरू की जब वह अध्ययन करने के लिए स्कूलों जा रहे थे। उनकी 100 पुस्तकों की स्ट्रीक महान होगी भविष्य में उनके लिए उपलब्धि, उनकी कुछ प्रसिद्ध रचनाएँ यानी प्रेम की परिपक्वता (शैली _प्रेम) स्वप्न की गोपनीयता (शैली-मध्य वर्ग की जीवन शैली)।

आप नोटियन प्रेस, अबे बुक्स, इम्युजिक इन, फ्लिपकार्ट, एमेजॉन, किंडल, इंस्टेंट रीड लाइक ईबुक, किंडल, गूगल, इंटरनेशनल साइट्स और कई अन्य से भी उनकी किताब खरीद सकते हैं।

स्पॉटिफ़ पर पॉडकास्ट: @ ब्रोकन हार्ट इंस्टा आईडी: बुकहब92 जीमेल: सुमितकुमार 88234 लिंक्डइन: सुमीत कुमार

पावती (स्वीकृति)

सुमीत कुमार

सुमीत कुमार, एक वयस्क जो जीवन के कई चरणों का अनुभव करता है, एक प्रसिद्ध लेखक और नए युग के लेखक हैं। वास्तव में वह एक लेखक होने के साथ-साथ गायक, कवि, शायर, उद्धरण लेखक, गीत लेखक और एक कलाकार भी हैं। एंकर या स्टैंडअप कॉमेडियन। उनके बारे में बहुत ही रोचक और दिलचस्प तथ्य यह है कि वे नए युग के लेखक हैं यानी उन्होंने अपने लेखन की यात्रा उस उम्र में शुरू की जब वह अध्ययन करने के लिए स्कूलों जा रहे थे। उनकी 100 पुस्तकों की स्ट्रीक महान होगी भविष्य में उनके लिए उपलब्धि, उनकी कुछ प्रसिद्ध रचनाएँ यानी प्रेम की परिपक्वता (शैली _प्रेम) स्वप्न की गोपनीयता (शैली-मध्य वर्ग की जीवन शैली)।

आप नोटियन प्रेस, अबे बुक्स, इम्युजिक इन, फ्लिपकार्ट, एमेजॉन, किंडल, इंस्टेंट रीड लाइक ईबुक, किंडल, गूगल, इंटरनेशनल साइट्स और कई अन्य से भी उनकी किताब खरीद सकते हैं।

स्पॉटिफ़ पर पॉडकास्ट: @ ब्रोकन हार्ट इंस्टा आईडी: बुकहब92 जीमेल: सुमितकुगार 88234 लिंक्डइन: सुमीत कुमार

1

औसत वाली दोस्ती

औसत आदमी का मतलब जीवन में उसके लिए सब कुछ औसत परिवार, दोस्ती, प्यार वाहक और ये तक की औसत खविश और बातें भी, सुन कर थोड़ा अजीब महसूस हो रहा होगा ना की क्या सच में कुछ आयशा ही है से, तो खुद सच में मेरी लाइफ सब कुछ औसत है ये इसके आगे भी कुछ हो सकता है, हम वो बच्चे है जिन्के स्कूल में भी मार्क्स औसत ही आते हैं, हम वो बच्चे जिन्की खविश और सपने भी कहीं न कहीं औसत ही होती है, क्यों मैंने अपनी जिंदगी जी है वह तो मुझे सब कुछ औसत ही मिला था, वैशे कुछ इच्छाओं आइशी भी होती है जिन्का कोई भी सही संबोधित नहीं होता, मेरा मतलब आज हमारे पास है तो कल किशी और के पास, ये एक क्रांति है का, मेरी बातें थोड़ी बाउंस कर रही होगी पर कोई बात नहीं क्योंकि अभी तो मैंने कहानी सुरु ही की है, एवरेज वो सब है मेरी लाइफ में जो मुझसे आइश चिपका रहा, की मानो कोई सोलमेट है से मेरा क्लासरूम कमाई तक यही मेरी आत्मा खाया था, ये मैंने कभी इसे बदलने की कोशिश ही नहीं की, शायद ये भी एक कारण है, प्रति क्या सच में ये कारण है, एक औसत लड़के की तरह जिंदगी जीना बिलकुलो आशा नहीं होता क्योंकि ये नहीं जो कोई जीत है कहता और में तो बिल्कुल नहीं कहता था कि ये मेरी जिंदगी में आए। क्योंकि ये वो मोहब्बत है मेरी जिसे मुझे बिल्कुल भी ख्वाश नहीं है, कहते हैं।

"जीवन है
कमाई के
बारे में.............."

सही ही बात जीवन कमाई के बारे में है, जिंदगी में हम कुछ न कुछ सिखना ही चाये, ये बातें तब कुछ लगता है जब आपके साथ कुछ कुछ अच्छा हो, प्रति जब जीवन में कुछ भी अच्छा न हो तो यह कुछ भी है जीवन कमाई के बारे में है, मेरा मतलब है में उन पैसों की बात नहीं करता है जो हम कहीं नौकरी करना प्रति मिलता है, मैं उन कमाई की बात कर रहा हूं जो हमारी जिंदगी में पहले से फिक्स डिपॉजिट के नाम पर हमारे साथ रहते हैं मैटलैब हमारी किस्मत। प्रेरणा जीवन की सबसे बड़ी पनौती है, की हम किशी न किशी से कुछ न कुछ जरूर सीखना छिए, कभी उनसे पुच्चा की उपलब्धि के इलावा आपने क्या मुश्किल किया जो हम आपसे कुछ सीखे, पर कुछ नहीं और समाज अलग ही हम जज करने लगते हैं, की बड़ा ही बदतमीज लड़का है, कोई अनुशासन नाम की चीज ही नहीं है लडके में की बढ़ो से कहता है करता है, और इसकी सुरुरात कभी नहीं हमने क्या किया है पूर्वाज़ जो है और तुम एनके जेनेटिक्स भी, मेरा मतलब है हमारे माता पिता। क्या सच में, ये 21वीं सदी है ये पर अगर दसरे से कुछ सिखते हैं तो बस यही की आज शर्मा ने फोर्ड कार ली है, तो हम भी काम से काम ये कभी कभी किशी के घर में सैमसंग का फ्रीज का क्या आग गया तो फिर क्या पुराने मोहल्ले में आइसक्रीम की बहार आ जाती है, और दसरे घर में जो साक्षी रहता है मेरा मतलब हम पडोसी, उस वक्त तो उनकी बात है की, हमारे पड़ोसी ने फ्रीज लिया है हम कब लेंगे। एक इंसान कितनी भी मेहंदी करले पर वो हमशा खुद को संतुष्ट नहीं कर पाटा क्योंकि उसे आज तक कभी कुछ हासिल ही नहीं किया, क्योंकि उसे जीवन में जो भी कभी हमने हासिल किया था ही नहीं। क्योंकि अगर उसे वास्तविकता देखी जाए तो जो दबाव हमें मिले है जीवन, असलियत मैंने में वो उनकी उपलब्धि है हमारी नहीं, आजतक लाइफ में मैंने आयशा इंसान देखा ही नहीं जिसपे हमरी चीज का दबाव ही जीवन है प्रेशर पे जिंदा है और कुच पे नहीं।

लाइफ में आज कल फ्रस्ट्रेशन आज ईश हद तक बढ़ चुका है की हम किशी नेगेटिव चीज को भी पॉजिटिव मन लेटे है, पता है क्यों? क्योंकी हम उस वक्त ये लगता है की चलो कुछ तो अच्छा हुआ लाइफ में.कैश कहू और कैश समझौता की उपलब्धि नहीं है जीवन का एक हिस्सा स्वतंत्रता एक है जीवन का हिस्सा जिसे हमने खो दिया पीछे कुछ कमाएं जीवन में अगर जीना ही तो ये सोचो ना की हमारे पास कुछ है ही नहीं क्योंकि ये सोचने से काम से काम वो अपवाद तो नहीं रहेंगे जो बाद में दबाव बनके हमारी जिंदगी को पूरी तरह नष्ट कर देते हैं, जीवन में वास्तविकता हम तब वही ये जान ने की इच्छा रखता है जब हमारे साथ कुछ व्यावहारिक हो। काहे वो हमारी भावनाएं हो हमारे इमोशन्स हो अचीवमेंट हो, ये दोस्ती हो प्यार हो, और भी कहीं सारे चीज में है जी से न। केह रहा की प्रगति ये उपलब्धि के पिचे मत भागो, बिलकुल भागो प्रति टैब जब आप रूह अपने साथ रहे, जब खुद की खुशी उसमे साथ रहे, तबी तो आपकी मेहंदी, यार दिल... टैब संभव होगा ना जब हम खुद से कहे की यार बश बहुत हो गया अब ये औसत सब तो हटा ही देगा। आजकल मानव एक ऐसी श्रेणी है जो हमेशा किसी भी तरह से उपलब्धि के पीछे भागना चाहती है, जैसे उसके सामने आत्मा, उसके सपनों के सामने और सबसे अभेद्य सकारात्मक वाइब्स की तरह दिखने वाली किसी चीज के लिए लड़ने की रटनी,

जब हम अपनी उपलब्धि के पीछे भागते हैं तो हम हमेशा एक सेकंड में पीछे से कुछ खो देते हैं लेकिन हम उनके बारे में कभी नहीं सोचते हैं। जीवन में अगर कोई शारीरिक रूप से घायल है तो वो सबको दिखता है और सब उसके बड़े में पुछते भी है और कभी कभी उस चीज का यह ख्याल भी रखता है की आयशा दुबारा ना हो पर जब कोई मानसिक रूप से कमजोर हो तो उसके बारे में कोई नहीं जनता की क्यों वो झटका तो कभी देखता ही नहीं है, और उसके वजाह से कभी हो जाता है चल्ता,लफ़्ज़ों का खेल तो हो चुका, कुछ हकीकत हो जाए, चलो सुर करता हूं आपकी कहानी के हर उस किरदार को जिसके लिए मुझे ये लाइफ, लाइफ नहीं एक प्रीजर कुकर जैसी लगती है ....

आईआईटी डेज

"

कभी न भूलें
पछतावा कभी नहीं करो
तथ्य यह है
सरल
लेकिन
हम क्यों पीछा करते हैं
एक सपना
बिना
लिया
एक
टूटना ...."

2
अकेले यात्रा

जिंदगी की सुरूरत तब नहीं होती है जब हम जन्म लेते हैं, क्योंकि असलियत में जिंदगी की सुरूरत तब होती है जब हम आपके हलत को समाधान लगते हैं, ये परिपक्वता तो एक भ्रम है कि हम बड़े हैं, जैसा कि मैं हूं नहीं, क्योंकि बड़ा होना ही मैच्योरिटी के स्टेज को सही सवित करना नहीं होता। इसके अलग भी एक ऐसी दुनिया है जिससे हम अंजान है, वैसा ही सब का कुछ ना कुछ तो मतलब है पर अभी नहीं, फिर भी कहना है तो क्या है दीया, वैशे में आयु चतुर्वेदी आज कुछ ऐसी बातें बताने वाला हूं जो ईश जिंदगी के उनसे में कभी थी ही नहीं, अगर सीधे सीधे कहु तो में वो बातें बताने वाला हूं जिसके बारे में हम कभी बड़े सोचेंगे ही बस वही जनता है। में चतुर्वेदी परिवार का वो निकम बेटा हूं जिस अपनी पूरी जिंदगी में कुछ भी नहीं किया, बचपन से कुछ बन ने की कुछ तालाब थी, पर कभी सोचा नहीं था की जिंदगी में कुछ बहुत मुश्किल करना है है, वैशे एम यही जिंदा हूं, पर मेरे हलत कुछ ऐसे ही जीने की कोई वजाह ही नहीं दिखी, खैर आयशा क्यूं लग रहा हूं, इसकी एक नहीं केई वजह है तो चले में समझाता हूं, मेरे पप से ही मैं हूं। की बड़ा होकर मेरा बेटा एक जी मेंस क्लियर करेगा, जी मेंस मेरी लाइफ की वो पाणुति है जिससे में इतनी नफरत करता हूं जिसके लिए कोई सीमा नहीं, अगर किशी के घर में उससे भाई और बहन टॉपर हो तो बड़ा यह है (जब हमारे जेनेटिक्स में सब इतने महान है तो, हमारा आयु आयशा क्यूं नहीं है) वैशे कहने को

तो मेरा नाम आयु है, पर मुझे लगता है कि मेरा नाम दिप्रेषण चतुर्वेदी ये दबाव चतुर्वेदी में ही दो पूरी जिंदगी में हूं। के सहर गुजरे है, और उसकी वजाह ये नहीं की में कभी विफलता हुआ था, इसकी वजह तो बिलकुल सरल है की में हमेश कहीं न कहीं अटक जाता था, और ये जीवन की मेरी सबसे बड़ी अस्थिरता जैसी स्थिर ,जब बचपन के मोड में था तो बहुत सारे सपने थे की बड़ा होपकर ये करुंगा, बड़ा होकर वो बनुगा पर ये सारे सपने तो बश एक इल्यूसिन थे जो किशोर से वयस्क तक आते आते आते कभी खो गए थे। नहीं किया, मुझे तो अफ्सोस ईश बात का है की मैंने कभी उने पाने की कोषिश भी नहीं की और आयशा क्यों हुआ इसकी भी एक वजाह जियो आज और अभी बताने वाला हूं। दिया है,

और आयशा क्यूं हुआ इसकी भी एक वजाह जियो आज और अभी बताने वाला हूं। अताइल बच्चन में उज्ज्वल बनने की बात में आज मुझे बहुमुखी बना दिया है, मेरी लाइफ की यात्रा बाकी से बिलकुल अलग थी, ये तुम कहिए की यात्रा मेरे जीवन की से अलग थी।बचपन की यादें में सब ठीक था, तब तक जब तक मेरी जिंदगी में किशी तूफान में दस्तक नहीं दीया हो, पर आयशा थोड़ी हो सकती मेरी जिंदगी की सुरूरत ही तूफान से हम में कुछ ऐसा ही होगा। आयशा ना हो, ये कैसे हो सकता था, वैशे उश तूफान का नाम दोस्ती है, हा दोस्ती, कितने प्यारे सब है ना दोस्ती, पर मेरी लिखावत ये भी ऐसी पन्नूती है जिस्की उम्मेद मैंने कभी, जिंदगी की कोई नहीं है में दबाव बढ़ने लगे तो किशी के सहेरे की हम कफी जरूर होती है, पर उसे वक्त मुझे ये बात मुझे बिलकुल नहीं पता थी की। 'कुछ पाने के लिए' कुछ खोना भी भाग है "हा पता है फिल्मो की लाइन है पर ये मेरी लाइफ पे बिलकुल शूट करती है, जिन सपनों को मैंने देखा था उनकी उम्मीद में से ही खतम हुई थी। बचपन का तोह था मैंने प्रति जब किशोरी की बारी आई टैब इस्का प्रेशर कफी में तक बढ़ गया था, और इतना हद तक बढ़ गया था की मुझे किशी न किशी उस वक्त जरूर थी की मैं बता सकता हूं यार मुझसे नहीं ये दबाव हैंडल सकता ये।उशी वक्त उन दोनो की एंट्री हुई जिसे मेरी लाइफ की परिभाषा ही बदल कर रख दी, वैशे उन दो तोफानो का नाम, सैमी, और मैक था, वैशे ये इनके असली नाम नहीं क्योंकि सैमी का पूरा नाम समीर था।

मैक का, मोहन दास, बचपन में दोनो के नाम बिलकुल मैच करते थे उनके स्टेटस थे पर जब किशोरी की बारी तो नाम के साथ हलत भी बदल गए। हम तीनो एक ही क्लास के थे प्रति हमारे सेक्शन बिलकुल अलग सेक्शन में, बी" का स्टूडेंट था वही मैक और सैमी सेक्शन ''सी'' के स्टड एंट थे वैशे हमारी दोस्ती तोह क्लास 7 से ही थी, पर उस वक्त हलत कुछ और थे, में जो हमा सेक्शन "ए" का स्टूडेंट था और वो वो सेक्शन "सी" के स्टूडेंट थे। उसी वक्त से मेरे हलत और मेरे पढ़ने के ज़ज़बात बिलकुल चेंज हो गया। फैमिली का इतना प्रेशर था की में उस वक्त मजबूर हो गया था की करू तो करू क्या, इश्लिया सोचा चलो दोस्ती ही कर देता हूं। लाइफ में बचपन से लेकर उन दोनो के ना मिलने तक 95% प्रतिशत की ही सकल देखी थी प्रति उन दोनो के मिलने के बाद वही 95% प्रतिशत 70% प्रतिशत में बदल गए।

उन्हे दुनिया से कुछ लेना देना था ही नहीं क्योंकि वो हमेश सेक्शन "ए" की सबसे कूलेस्ट गर्ल पे आपका दिल दे बैठे थे। वो पढ़ने में तो तेज थी ही उसके साथ वो अच्छा होगा भी। मेरी कहानी में ईश चरित्र से क्या कनेक्शन है। कनेक्शन बहुत बड़ा है प्रति थोड़ा धैर्य भी जरूरी है क्योंकि अभी भी मैंने पूरी कहानी का एक हिसा भी नहीं बताया है। जब हम कक्षा 9 में थे तब एक आयशा मौका भी आया जब का स्टेटस एक था काहे वो सेक्शन "ए" हो ये सेक्शन "बी" ये सेक्शन "सी' हो। उस वक्त हम तीनो की मुलकत उससे हुई जिसकी मुस्कान बिलकुल फिनिशर थी। मेरे क्लास में हर एक लड़के की वो तिश्नगी थी मेरा मतलब है इच्छा थी, और होती भी क्यों नहीं पहली बात तो टॉपर और दसरी बात क्लास की सबसे अच्छी लड़की भी.हम किशोरी में वो गढ़े होते हैं जिन्की परिपक्वता तो सही समय पर आ जटाई है, प्रति वो सही है हम कभी चलता में आपके लफ्जो में हमशा ये जहीर करता है की मोहब्बत की एस उरुरात ही फन्ना से होती है..

"प्यार का एक हिस्सा है
मोह माया
और आकर्षण

एक है
व्याकुलता का हिस्सा
और पूरी बात
हमें याद आ रहा है
के तथ्य में
बस एक है
संतुष्टि।"

जीवन में अगर आप कभी संतुष्ट नहीं हो तो उसे जीवन आप कभी मानो गे ही नहीं, और असलियत में वो जीवन होता भी नहीं क्योंकि उसे कैसे संभाले ये पता ही नहीं रहता है। की डेफिनिशन मानता था, और अपनी दोस्ती को ही आपकी लाइफ। वो भले कैसे भी थे पर उनकी दोस्ती में सिक्योर फील करता था खुद को पर मुझे ये नहीं पता की जो सिक्योर वर्ड है वो आगे जकार बदला में बदल और होगा। वो काफ़ी पसंद थी, वो किशी भी हलत में उसे अपनी गर्लफ्रेंड बनाना कहते थे, प्रति उसकी भी कुछ कुछ और थी, जहां मैक और सैमी उस वक्त आकर्षण की स्टेज पर चल रहे थे वो वो प्यार के स्टेज प्रति प्यार वो, वैशे वो वक़्त एक तरफा था प्रति उम्र जकार वो डबल साइडेड हो गया, ये कैसे हुआ वो तो आने के चैप्टर को पढ़ने से ही पता चलेगा।

"मैं नहीं
प्रकट करना
मेरा उपहार
मैं नहीं
मेरा खुलासा
अतीत
इसलिये
दोनों फंस गए हैं
सोचने के कारण
मेरे बारे में

सुमीत कुमार

भविष्य ...."

"सफलता नहीं है
ए
स्थिरता का हिस्सा
क्योंकि बस एक है
कदम
के लिये
हमारा फॉरवर्ड
जिंदगी .....
"

3

दुश्मन से प्यार

कहते हैं प्यार पदार्थ का हिस्सा है, मेरा मतलब है ये एक ऐसी चीज है जिसे हमसे हमसे कुछ न कुछ लिया ही है। मैं हर किशी की जिंदगी में जरूर आता है, क्या वो हम हो ये हमारे जेनेटिक्स, कहते हैं पुराने जमाने में मोहब्बत इतनी सच्ची होती थी की लोग एक दसरे के लिए जान तक दे सकते हैं, क्या कोई और अगर कंपाउंड्स आपस में मिल गए तो रिएक्शन सही होगा अगर नहीं मिले तो वही रिएक्शन आपकी जिंदगी की संतुष्टि बन कर रह जाती है, मेरा मतलब है जो नसीब है वही मिलेगा इसलिय कभी भी उससे ज्यादा खविश मैट करो। हमारी कहानी में भी ही था, क्योंकि जो हमारे स्कूल की सबसे अच्छी लड़की थी जिस्का नाम शिवांगी मेहता था वो किशी को अपना दिल पहले ही दे चुकी थी, पर वो उसे कभी जनता नहीं थी, (ये कैशा आंधा प्यार हीरो है जिसे कोई है) .हा अंधा मुड़ा हुआ तो है पर क्या करे इश्क में लोग फकीर तक बन जाते हैं तो वो कल्पना भी नहीं कर सकता है। मैक और सैमी डोनो बैकबेंचर्स थे, और शिवांगी टूपर बेंचर्स की स्टूडेंट थी, और फिर भी बाकी है वो ये है की में भी तोपर बेंचर का ही छात्र था, पर कुछ ही महान के बाद वक्त ने आयशा मूर लिया की में किशी और को अपना दिल दे आया। थोड़ा अजीब है पर कोई बात नहीं ये भी एक रहस्या जिसके बारे में पता ही चलेगा, पहले उन दोनो के आकर्षण पे फोकस करता है। सक्ते थे, प्रति उस वक्त उसे पूरा करने की न ही हिम्मत थी और न ही वो अनुभव,

उसके पास जाते ही दोनो की बाती गुल हो जाती जैसी किशी भूत को देख लिया हो। ही शिवांगी की मोहब्बत मिलेगी फिर भी उनको कभी कोशिश करना नहीं छोटा, पर वो उन दोनो को कभी भाऊ ही नहीं देता, क्योंकि शिवांगी के मन में तो पहले से ही कोई राजकुमार था, जिसे और दीमा दो दो।

पर वो लड़का था कौन? खैर मुझे भी पता अभी की वो लड़का था कौन पर देखता है आगे होता क्या है। भी उसके तारफ मुस्कान क्या कर देती वो दो आप में लड़ लेते हैं उसे मुझे देख कर मुस्कान किया, नहीं उसे मुझे देख कर मुस्कान किया है। वो कहते हैं न अगर कोई इंसान अपनी जिंदगी के आखिरी चरण पर है थोड़ी होप क्या दे की वो अभी नहीं दो महान बाद मरने वाला है तो वो सब कुछ छोड़ कर अपनी ख्वाइशों को पूरा करने में लग गया है। ये हलत अब मैक और सैमी के साथ थे, वो कहते हैं को बढ़ाबा देने के लिए, वह हुआ जिस्का डर था, किशी ने हमारे स्कूल में ये आफवा उड़ गई की शिवांगी मेहता किशी से प्यार करता है, और स्कूल की खबर है तो और स्कूल की खबर है। में फेमस है फिर क्या था सोशल नेटवर्किंग साइट्स पे भी ये बातें होने लगी की शिवांगी मेहता किशी से प्यार करता है, सामान्य स्थिति में लोग थोड़ा अजीब महसूस करते हैं कि करते हैं की ये क्या हो रहा है, हर जगह मेरी ही बातें क्यों हो रही है, प्रति शिवांगी मेहता तो शिवांगी मेहता है, उससे ही दूर है। था की लोग और पुराने स्कूल ये उसके सहपाठी क्या सोचते हैं उसके बारे में।वैशे आग तो स्कूल में लगी थी प्रति चिंगारी अब मैक और सैमी की दुनिया में बढ़ रही थी। मेरा मतलब है जब उन्होन ये बात सुनी की शिवांगी किशी से प्यार करता है तो उन ये लग रहा था कि हम दोनो में से किशी एक से वो प्यार करता है, वो कहते हैं ना। विशेषण मारता असलियत ये बात उन दोनो पर उस वक्त बिलकुल सूट कारती थी क्योंकि उन लोगों ने ये सोच लिया था कि प्यार करता है और किससे करेगा। किश तराह उन दो इतनी तायरी की खुद को मिरर में काम से काम 25 बार देख उसे प्रपोज करने की हिम्मत जुताई थी।

पर आयशा कुछ हुआ नहीं क्योंकि इसे पहले वो कुछ कहते हैं, शिवांगी ने सब कुछ उन्हें कहा दिया, सीधे नहीं परोक्ष रूप से वो भी मेरे

माध्यम से। कहते हैं मोहब्बत दोस्ती एक ही चीज क्यों है ये जिंदगी में वो पोस्टी हैं आकर्षित नहीं करते हैं, हमेशा रिपेल ही करते हैं। और हम तीनो के साथ भी कुछ आयशा ही हुआ, उस वक्त वो दोनो पहले सकारात्मक थे पर जब उन लोगों को ये कहा की, यार एक बार उससे प्यार कर रहा था। ये सैमी से, में उस वक्त न ही बोलना चाहता था पर मैंने भी सोचा चलो इनकी गलतफहमी को डर ही कर देता हूं, वैशे मुझे किशी बात का दार नहीं था क्योंकि वो मुझसे तो मोहबत करता है पर सही सही कहु तो थोड़ा डर लग रहा था पर दोस्ती के लिए कुछ भी मैंने धीरे धीरे अपने कदम को आगे बढ़ा उसे ये पुचने के लिए उन दो गढ़ो में से आपको कौन पसंद है। मंजूर नहीं था, ये किशी ने ये सोचा नहीं था की उसकी मोहब्बत कोई और नहीं बालक .पता नहीं ??? क्यों इसलिए जान ने के लिए तो आगे देखना ही होगा, तो तब तक लिए सफर में साथ रहे और एक दसरे की मदद करे की आखिर शिवांगी मेहता किससे प्यार करती थी।

"अब भी इंतज़ार
अभी भी चिंतित
क्योंकि मेरा
जिंदगी
होने वाला
बहुमुखी प्रतिभा संपन्न
बिना
सिंगल ने कहा
परिपक्वता शब्द..."

पुश करने का प्रयास करें
आपकी भविष्यवाणी
बनना
का एक हिस्सा
अस्थिरता

जिसमें
आप
में फंस गया
के रास्ते
विजय .....
मैं निष्क्रिय हूँ
मैं ज़िंदा हूं
क्योंकि मेरा
आत्मा ने कहा
आप
भविष्य
अंधे की...

4

समाज ने कहा

कुछ तो लोग कहेंगे लोगो का कम है कहना, हा अब तो लोग कुछ न कुछ तो जर्रोर कहेंगे क्योंकि जो तूफान आने वाला है उससे तो लोग क्या पूरी महफिल कहेगी, सस्पेंस रखना की आदत नहीं है मेरी फिर से फिर से होगा आने क्या हुआ, और पूरी कर ये सच बहार की शिवांगी मेहता किससे प्यार करती है, जिसके पीछे हजारो दिल कुर्बान हुए हैं बहुत कर उसश का दिल किसपे कुर्बान हुआ है। प्यार कौन है, ये तक तो स्कूल में बेट भी लग रहा था कि शिवांगी मेहता मैक से प्यार करता है, और कहीं ये भी शिवांगी मेहता सैमी से प्यार करता है। मैंने पहले ही बोला था ना की भविष्यवाणी वास्तविकता को मार देती है, और ये बात बहुत कर मेरी सच ही हुई की भविष्यवाणी ने रियलिटी का मर्डर कर दिया, ये बातें अभी कुछ समाज नहीं आ रही ना, कोई बात नहीं हट, अब देता है ,उश दिन जब में उसके पास गया तो मेरे सवाल का जवाब उसके पास पहले से था की वो न ही तो मैक से और न ही सैमी से प्यार करता है, प्रति सवाल तो अब भी यही है। कुछ लफ्जों पर भी गौर किया जाए....

<u>बातचीत</u>

मैं: हाय शिवांगी, काफ़ी ख़ूबसूरत दिख रही हो आज।

शिवांगी : हा वो पता है, तुम्हें कुछ काम है मुझसे ??

मैं: नहीं में तो बश यू ही तुम ही बोले आया था।

शिवांगी :तुम्हें है तो में चालू..अलविदा

मैं: एक दूसरा मुझे कुछ पूछना है तुमसे

शिवांगी: पुछो, क्या पूछना है

ME: ये स्कूल का साइज थोड़ा बड़ा हो गया है ना।

शिवांगी: बश ये पुचा न तुम्हें, तुम पागल हो क्या।

मैं: आ, सॉरी, तुम जा शक्ति, मुझे कुछ नहीं पुचना

शिवांगी: ठीक है

मैं: शिवांगी एक और बात पक्का हूं।

शिवांगी : बस इतना कहा तेज आयु मेरे पास इतना वक्त नहीं है तुमसे बात करने के लिए..

सच कहू दोस्ती और मोहब्बत वो जिंदगी की सबसे बड़ी गलती है जिसके रिश्ते में आकार बाद में फिर से क्यों आते हैं। प्यार करता है, मजबूर था उस वक्त नहीं तो इतनी बातें मैंने कभी नहीं सुनी, और ना ही किसी लड़की से बात की, खैर में अपने दाद की कहानी बात में सुनुगा पहले है देखते हैं।

मैं : ओके फिर सॉरी, पर में ये पुच रहा था की तुम सैमी और मैक में से किस प्यार करता हो।

शिवांगी: क्या आप अपने दिमाग से बाहर हैं, वो दोनो मेरे भाई जैश है, और तुम होते कौन हो जो मुझसे ये पुछो की में किससे प्यार करता हूं, अगर दुबारा ये सवाल प्रिंसिपल तुमसे ज्यादा शिकायत करता हूं तो मैं हूं , तब पुचन किस प्यार करता है शिवांगी मेहता ,समजे मिस्टर टॉपर ..

मुझे ए; ओके ओके सॉरी आब नहीं पुचुंगा जाओ, माफ करना मुझे मिस टॉपर, प्लीज ये बात किशी को मत बताना, सॉरी पिछली बार...

उस दिन गुसा तो कफी आ रहा था की उन दो गढ़ो ने मुझे कहा फशा दिया पर क्या करू जब शिवांगी ने ये बोला की सैमी और मैक उसके भाई तब मुझे ये महसूस हुआ था तब था जब ये दोनो बात में उन लोगों ने क्या होगा। बधूत बड़ी मुश्किल थी क्योंकि उन दोनो को ये लग रहा था कि आज तो हम दोनो में से किशी एक को प्यार जरूर नसीब होगा, उनके नसीब में तो मोहब्बत थी पर दो प्रेमियो की, के जैसी नहीं दिन मुझे एक ही गीत सुना दे रहा था वो भी जोड़े जोड़े से, भैया मेरे राखी के बंधन को निभाना ,उन्हो मोहब्बत में जहां इशी सावल को जाने के लिए सब कुछ

त्याग दिया है।

अब भी देखा उनकी मोहब्बत को भी एक त्याग ही बना कर छोड़ दूंगा। फिर भी बताना तो था ही, इस से पहले में उनके पास जाता वही मेरा पास आ गया, आपकी बरबादी के पास, जब इंसान की मौत नाजदीक हो तो उसकी बरबादी साफ साफ दिखी ये तो सुना था। की आयु, अब बताता ना वो किससे प्यार करता है मुझसे ये समय से, में सोच रहा था की कुछ और कुछ बोल दूं, प्रति अगर में उस वक्त आयशा कुछ करता तो, जो तूफान उनके जिंदगी में आ गया तो परचा तो मेरे तक आने में बिलकुलो डर नहीं करता, इशलिये मैंने उन्हे सच बहुत कर बोल ही दिया की वो तुम दोनो को सैंया नहीं भइया मंती है... वो कहते हैं

"प्यार हिस्सा
का परिवर्तन
है............."

जब मैंने ये कहा की वो तुम दोनो को सैयां नहीं बहिया मेंटी है, तब उनकी दुनिया उस वक्त सिर्फ बदली ही नहीं, बाल्की उठा पुथल हो गई। जिश सेहरे पे कभी खोमोशी नहीं आई, पुर वक्त उसे बनाया सेहरे पे, उन्हे कुछ पता ही नहीं चल रहा था की आखिरी ईश दुनिया में क्या रहा है। पर एक बात थी की उनके आंखें से आसुं तो गिर रहे थे, प्रति उस वक्त उनके सामने भी दर्द था बात की थी मुझे ये नहीं पता, प्रति गम तो उसके भैया बोले का ही था, उस वक्त वो दोनो आयशा व्यवहार कर रही थी उनकी नफ्स सच्ची में मर चुकी, बश उनका सरेर ही जिंदा है, मैंने तो वही उन प्रति ध्यान काम दो, और पढाई पर ज्यादा। पर नहीं, उन्हे तो एक ही रह पे चलना था, जो की कुछ आयशा, ये इश्क का ज़रिया है और बश इसमे डब कर जाना है, ये तक तो था जाना है 8 , प्रति पहले पानी की माप तो कर लेना चाये ना की कहीं जाने के बाद वह से आए नहीं तो ये काम एस ई काम स्विमिंग सूट ही पेहेन लेटे दोनो। + ये सिलसिला तो चले ही रखा था शिवांगी मेहता की बेवफाई का की एकुआर बेवफी हमारे विद्वानों ने भी की, मध्यावधि परीक्षा की घोषणा कर दी। पुराने स्कूल का टूटने वाला

था, मेरा मतलब है दिल। मोहब्बत की स्टेज से फोकस हट कर मैंने उन्हे बोला की अब स्टडी की फोकस आ जाओ नहीं तो अभी दिल ही टूटा है, अगर मार्क्स कम आए तो हमारे माता-पिता, हमारी हदियां भी तोड़ देंगे। फिर क्या था जो इश्क के छिंगारी उन दोनो चल रही थी, वो परीक्षा की सुनवाई सुन कर कुछ ही दिन में संत भी हो गई और शिवांगी मेहता को पुराने स्कूल में बेवफा का पुरस्कार भी मिल गया, और क्या मुराद है ?

बश कहां यही तक है, दरिये मत ईश कहानी की महफिल अभी कॉफी बाकी है। क्योंकि अभी तो कुछ आयशा होने वाला जिनसे उन दोनो की दुनिया ही पलट जाएगी और मेरी भी कभी। जिंदगी में तो दस्तक नहीं दूंगा, अब भी तूफान की आंधी मेरे उससे भी आने वाली थी, अब कि तराहा से किश वजाह से, ये तो अगले भाग में ही पता चलेगा।

"की ये सिरफ वक्त
की आवाज है
बेबसी तो आब
भी कही बक्की
है कहि
और तुम जिश सची
को पिन्हान करने कि
कोषिश कारी
राहे हो
विह हमारी महफिल
की पहचान है अभी ......"

"मेरा हिस्सा तुम्हारे
साथ पहले ही
मर चुका है
आपकी संतुष्टि
इसलिये
यह हमेशा

आपका अपना .....
हासिल करने की कोशिश करें
तुम
बस एक पल है
क्योंकि वहाँ
के बीच कुछ नहीं था
हम
व्यक्त करने के लिए
वह
तुम मेरे हो
और मैं आपका ही हूं ...."

यात्री ध्यान दें

हा तो में कहा था, तुम तो वहां परदेशी साथ क्या निभाएंगे, ये जाने हम ज्यादतर तब याद आते हैं जब हमारी रूह की बैंड बज जाती है, इश्क और मोहब्बत की बात तो सबने कफी है किस किश से ये तो रब्ब ही जाने, हर बर्ब की तरह टॉपर्स अब और बैकबेंचर्स पीचे, ये तो हर बार का रोना धोना जब भी हमारे परीक्षाएं हमारे सेर पर आते हैं, बीच की शर्तों के परीक्षा जैश ही के ही है थे, कोई बोड्स पे फॉर्म्युले लिख रहा था तो कोई आपने हाथ पर, पढ़ने के लिए नहीं चीटिंग करने के लिए, क्यों उस वक्त तो हमारा पुराना स्कूल मिस शिवांगी मेहता की मोहब्बत जाने में लगा कभी तो पढ़ा, थी हमारे क्लास में सब फेल भी होते तो एक साथ, टीचर से मर भी पार्टी तो एक साथ, पर ईश बार क्या होने वाला था ये किशी को नहीं पता। कर्ण चाहता था, क्योंकि उश स्कूल की ई के सबसे बड़ी समस्या ये थी अगर कोई छात्र एक बार किशी भी सब्जेक्ट में फेल हो जाता है तो उसे उसी वक्त स्कूल से निकला दिया जाएगा। सब को पासिंग मार्क्स लाना जरूरी ही था। साथ में स्कूल की वो फेल वाली नोटिस भी हमारे घर पर टॉपर्स बिलकुल संत थे और आचे से पढाई कर रहे थे, प्रति बैकबेंचर्स और मिडिल बेंचर्स की हलत कफी खराब थी, क्यूंकी वो एक चैप्टर पूरा करते तो कुछ बहुत ही बहुत ही डर भी जाते हैं। जीवन उस वक्त बिलकुल जड़ता जैशी हो गई थी, क्योंकि जब तक और से कोई फोर्स न मिला हम आगे बढ़ते ही नहीं। कुछ भी नहीं था एक बाहरी ताकत के रूप में। इसके बारे में सोचते हैं परीक्षा की तारीखें भी आ गए, जैसे ही परीक्षा के तारीखें आए सबने ये मान लिया था कि आज से सब कुछ बैंड, अब सिरफ पढिये, पर क्या पढ़ाये। में आयशा होने वाला था ,बिलकुल नहीं, क्योंकि हम उस स्कूल के आइश बच्चे थे। अगर उस वक्त मौत भी आ जाए तो हम आपकी प्राथमिकता खुद से ज्यादा आपके प्यार को देते, मेरा मतलब है आकर्षण वाला प्यार।

" प्यार बदल

गया लेकिन
प्रकृति नहीं..........."

फिर क्या था जिश दिन एग्जाम थे सबने अलग कॉन्सेप्ट लगा की अखिर चीटिंग केश करे, और वो भी अलग अलग ज़रीये से, किशी ने अपने पूरे सरर पे ही त्रिकोणमिति के फॉर्मल लिख के लिए थे और वो लोग स्कूल की शान, और सब गढ़ो की पहचान, मेरे दो गढ़े दोस्त सैमी और मैक, लव का डोस कब उतर गया एग्जाम्स के आते ये पता ही नहीं चला, और वो दोनो देवदाश से जेम्स बॉन्ड कब बन गए भी मुझे ही मुझे नहीं थी। उस दिन सब ऐश भाग रहे थे परीक्षा हॉल में, मानो परीक्षा ना चल कोई जंग चल रही है, और उसमे हमारे दुश्मन वो प्रश्न पत्र है। फिर क्या था वो वक्त ही आ गया हमारे शहीद होने का, सब मिला, उसके बाद प्रश्न पत्र ने हम देखा, पझिर प्रश्न पत्र को हमने देखा, इसी तरह नजरें मिलाते परीक्षाएं भी का वक्त भी खतम हो गया, और हम ये लग रहा था का क्या चलो अब तो मुशीबत गई, पर तो जंग अच्छे से सुरू भी नहीं है और सब ये सोच रहे थे की हम जीत भी गए। फिर इशी तरह वक्त गुजारते हमारे परिणाम भी आ गए। और परिणाम में ईश बार कुछ आयशा हुआ जो कभी नहीं हुआ था मेरा मतलब है मिस टूपर शिवांगी मेहता, दूसरी आई थी, शुद्ध 5 सालो में या मिस टूपर दूसरी आई थी। और में तीसरी। और शॉक्ड तो अब लगेगा ये सुन कर की।खिर स्कूल में टॉप किसने किया, और शिवांगी मेहता को किसने किया। सुन कर ये तक की हमारे टीचर्स भी हेयर थे की आखिरकार शिवांगी मेहता सेकेंड कैसे आ गई। वैशे जिसने टॉप किया था।वो कोई और नहीं था, उस साक्षी का नाम अगले भाग में शायद पता चले। साक्षी की दीवानी हो छुकी, मेरा मतलब है पहले से ही थी, प्रति ईश बार बात कुछ और थी, उसी बात का कोई गम ही नहीं था कि वो टूपर से आब सेकेंड टॉपर बन गई है। कोई उनसे गल्ती से भी आगे निकल जाए तो उनकी पूरी दुनिया में इन वाउचल सा आ जाता है, पर ऐश कुछ भी शिवांगी के साथ बिलकुल नहीं था, क्योंकि वो जिसी मोहब्बत में पागल थी वो स्कूल का सबसे हैंडसम लड़का था, बिलकुल शिवांगी मेहता की तरह, कूल, स्टार, भी,

स्टार, बहुत कुछ सब उसे कहते थे, उस पूरे स्कूल में वो एक आयशा लड़का था जिसे आज तक कुछ भी लड़की को एक नज़र उठा कर नहीं देखा, क्योंकि उसे देखने की जरा भी नहीं पलती थी।

क्योंकि लड़की हमेश उसके पीछे ही रहती थी। एक बात ये भी कि उस स्कूल में उसका पहला ही साल था, और पहले ही साल में उसे मेरी दुनिया तो पलती ही, प्रति संतुष्ट पूरे स्कूल में भी। ये तक सैमी और मैक क्योंकी वो पास हो चुके थे वो भी अच्छे मार्क्स से ईश बार। पर मुझे जो बेचानी खल रही थी वो बात थी की। मुझे पूरी कर रैंक तीसरी ही क्यूं मिला, भी बात तो ये थी से खुश नहीं था, में ईश बात से बेचन था की जब मेरे माँ पिता को ये पता चलेगा की उनका बेटा जो हर बार दूसरी रैंक लेकर आता था जो तीसरी रैंक काइश लेकर आ गया। बेटा हमा आगे ही बढ़े, क्योंकि जिश खविश की उन्हे तालाब रहती है उसमें वजूद की पहचान हम ही से होती है, राह में चलने की सलाह हर कोई देता है, कभी भी आपके साथ कोई चलता नहीं है। ईश बार 1 रैंक लाउंगा, शीर्ष करुंगा। प्रति जो तमना थी जो तालाब थी जिस्की पे चान में केला कहता था, उनकी वजूद की बेबसी को मैंने अपने आंखों के सामने एक पल में खो दिया, मेरे मॉम डैड तो उस वक्त कुछ नहीं बोला पर उनकी खुशी वाली खामोशी ने सब कुछ जाहिर कर दिया था, की ही सलाह दे रहे थे, पर में ये जनता था की जो खविश उनके मुझे जहां देखने की थी मैंने उसे तोड दिया था, पर उने खुशी तो इश बात की थी की उनको ही एक वजूद ने एक बड़ा देखा है। की ही वजूद ने ....उश वक्त डैड, मॉम, ये किशी ने मुझसे ये नहीं पुचा की तू तो ठीक है, कोई बात नहीं तेरे मार्क्स भी बहुत अच्छे हैं, और तू चिंता क्यों करता है, नहीं आया तो बात नहीं, प्रेशर मत ले और आगे की सोच।

(उस समय, मुझे लगता है कि, मैं अपने औसत जीवन का हिस्सा था)। क्योंकि उस वक्त खुशी और उदासी का पैरामीटर बिलकुल वही था मेरे लिए। जीवन में स्थिरता भी नहीं थी और कहीं न कहीं में स्थिर भी नहीं था, कौन से इमोशन्स को दिखाउ, और कौन से इमोशन्स को चुपाऊ ये पता ही नहीं चल रहा था.उश वक्त मेरे सामने दो हलत थे, पहले ये की

सबकी खुशी में खुद के गम भुला दूं, और की दुनिया में ये हूं खुद को इसके लिए कर दूं मैं उस वक्त कुछ भी तय नहीं कर रहा था, मुझे ये लग रहा था ये कुछ साल की मेहंदी ही मेरी पूरी जिंदगी है, ये पानो की लिखावत ही मैं एक बड़ा है अच्छी नहीं है तो मेरी जिंदगी भी सयाद आगे जकार अच्छी नहीं होगी, यानी की मैं आपकी पूरी में अस्थिर ही रहूंगा। साक्षी जो कहीं न कहीं न मेरे पिता और माँ का वजूद है वो कौन है, क्या वो मेरा भाई है, ये सैयद सिरफ मेरे रिश्ते में कुछ लगता है। जो भी है, पता चल ही जाएगा, जब तक लिए आप ये सुनो ''जिंदगी एक सफर है सुहाना, ये कल क्या हो जाना''।

"फरोघ की तिश्नागी

में

खुद की पहचान

भूल चुका हूण

में क्या था

में कौन हूं

इस्की राह भूली

चुका हू

आब मुझे मुशाफिरो

से

दर नहीं लगता

क्यूंकि उनके जैसे ही

में आपनी परवाज

भूल चुका हूं....."

"अपने हार से वक़िफ़

था

फिर भी तिश्नागी की

जीतने की (2)

प्रति इत्तिफाक तोह ईश
बात का है
की मेरी किस्मत ही
उश वक्त
मेरी मुखलीफ थी
जिस मेरी जीत की बात
को ही मार दीया ....."